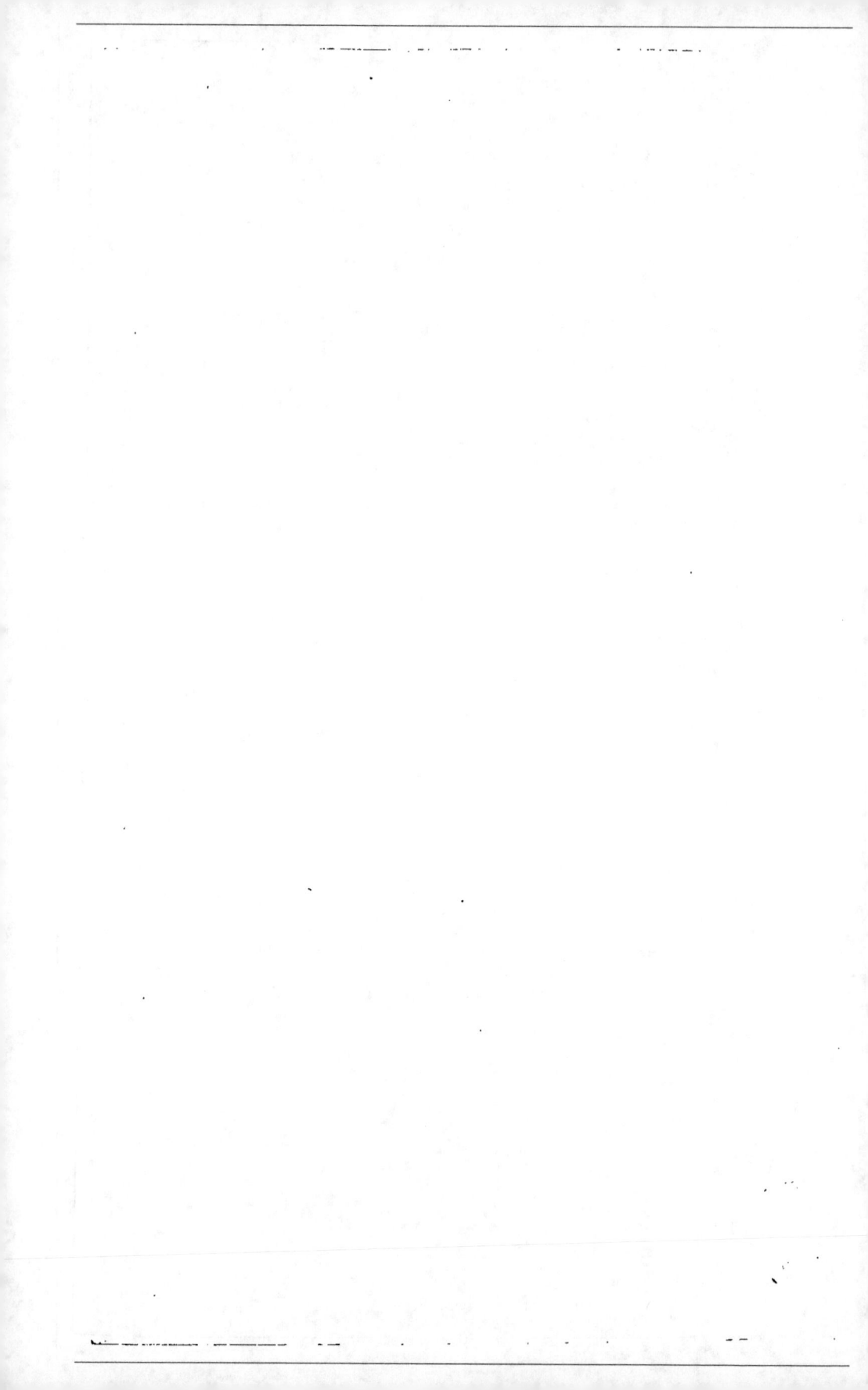

HIPPOLYTE SAUVAGEON

UNE CAUSE

QUI

EUT PU ÊTRE CÉLÈBRE

Lisez ! Jugez !

PRIX : 50 CENT.

BAGNOLS

IMPRIMERIE TYPOGRAPHIQUE DE Ve ALBAN-BROCHE

1866

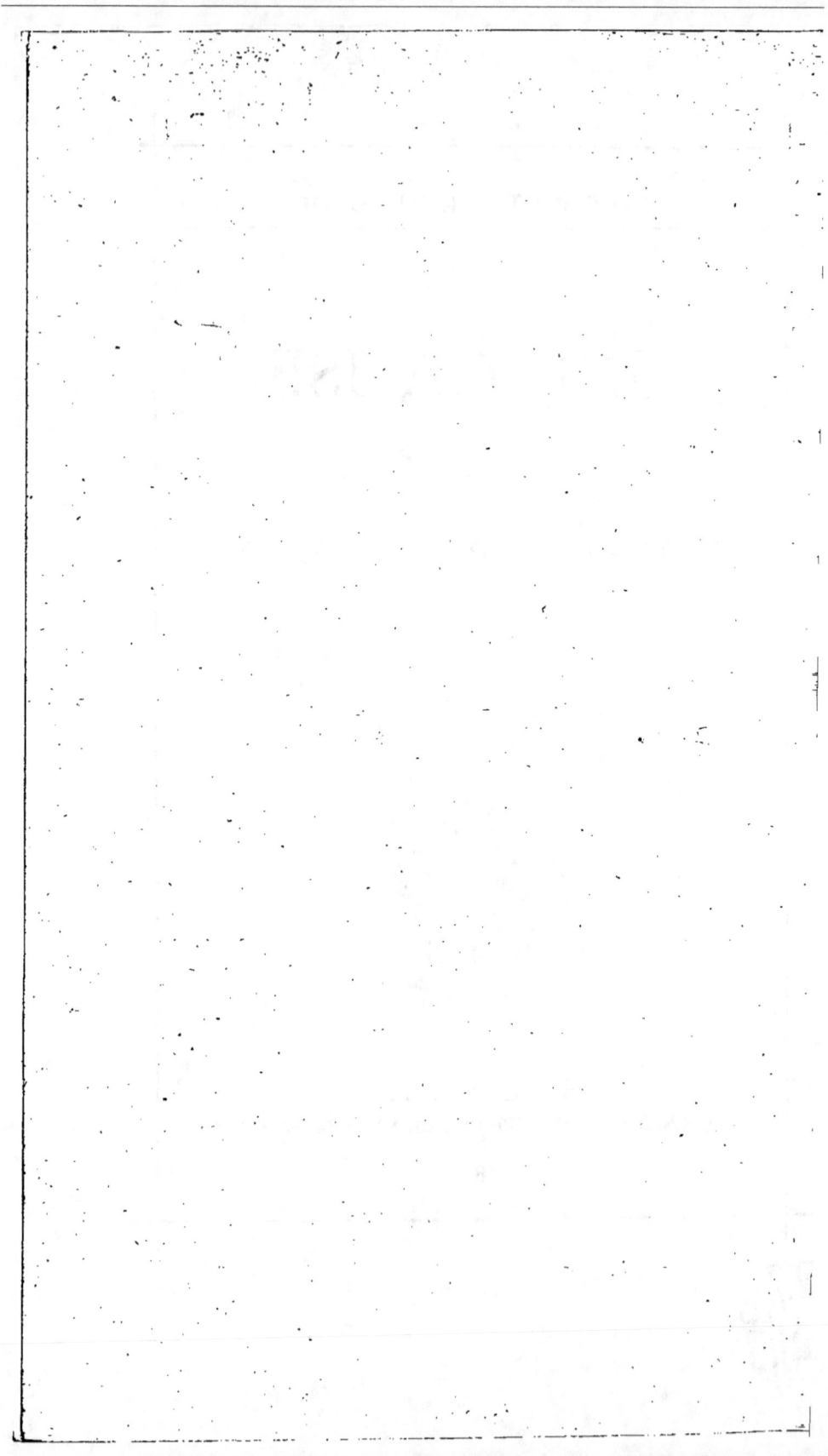

HIPPOLYTE SAUVAGEON

UNE CAUSE

QUI

EUT PU ÊTRE CÉLÈBRE

Lisez ! Jugez !

PRIX : 50 CENT.

BAGNOLS

IMPRIMERIE TYPOGRAPHIQUE DE Vᵉ ALBAN-BROCHE

—

1866

Nota. — Notre imprimeur ayant fait ses preuves et ses épreuves tout aussi bien que MM. Proyet et Gros, nous déclarons vouloir rester étranger à toute discussion de boutique typographique.

———— ooo ————

DÉDICACE

A

Très noble Dame YOLANDE de ***

BELLE DAME,

Comme vous avez bien fait de ne plus me taquiner à propos de vers-à-soie, au moment où j'entrais en champ-clos, portant vos couleurs! Si je sors pas trop meurtri de ce combat singulier, vous me donnerez une écharpe sous forme de cravate, et, avec ce talisman, je défierai les lances des plus rudes jouteurs.

A vous,

H. S.

AVIS DE L'AUTEUR.

Pour prouver que bien à tort dans toute cette affaire le nom de M. Bonnardel, imprimeur, propriétaire du *Pontias*, a été trop mis en avant, nous faisons paraître cette brochure en la confiant aux presses d'un typographe jusqu'à présent étranger au débat.

On nous rendra au moins cette justice que jamais nous n'avons mis en cause M. Proyet, imprimeur de l'*Indicateur*, non plus que M. Gros, chargé de l'impression de *la Bohême*. Aussi pour épargner à M. Bonnardel le désagrément de se voir harcelé par nos adversaires, nous signons cette brochure et assumons nous seuls la responsabilité entière de sa publication.

H. SAUVAGEON.

PRÉFACE

Voici une cause célèbre qui n'est pas au *Recueil des Causes* ainsi nommées parcequ'un sacripant a décapité une jeune fille, parcequ'une femme sentimentale a sucré la tisane de son mari avec de l'arsenic, parcequ'un cadavre a été trouvé haché comme chair à pâté (ce qui exclut toute idée de suicide).

La cause dont les débats sont reproduits ici n'est pas introduite à la requête de la partie publique, mais elle sera jugée par le public, et je dirais que c'est une affaire en partie civile, si l'une des parties n'avait manqué de civilité puérile et honnête.

Si cette cause par le peu de notoriété des accusés n'a pas les honneurs de l'insertion aux recueils des *Causes Célèbres*, on ne lui refusera pas au moins le titre de *Cause grasse*.

Les détails du procès n'ayant rien d'outrageant pour les mœurs, aucune des parties n'a requis le huis-clos, et nous entrons en matière :

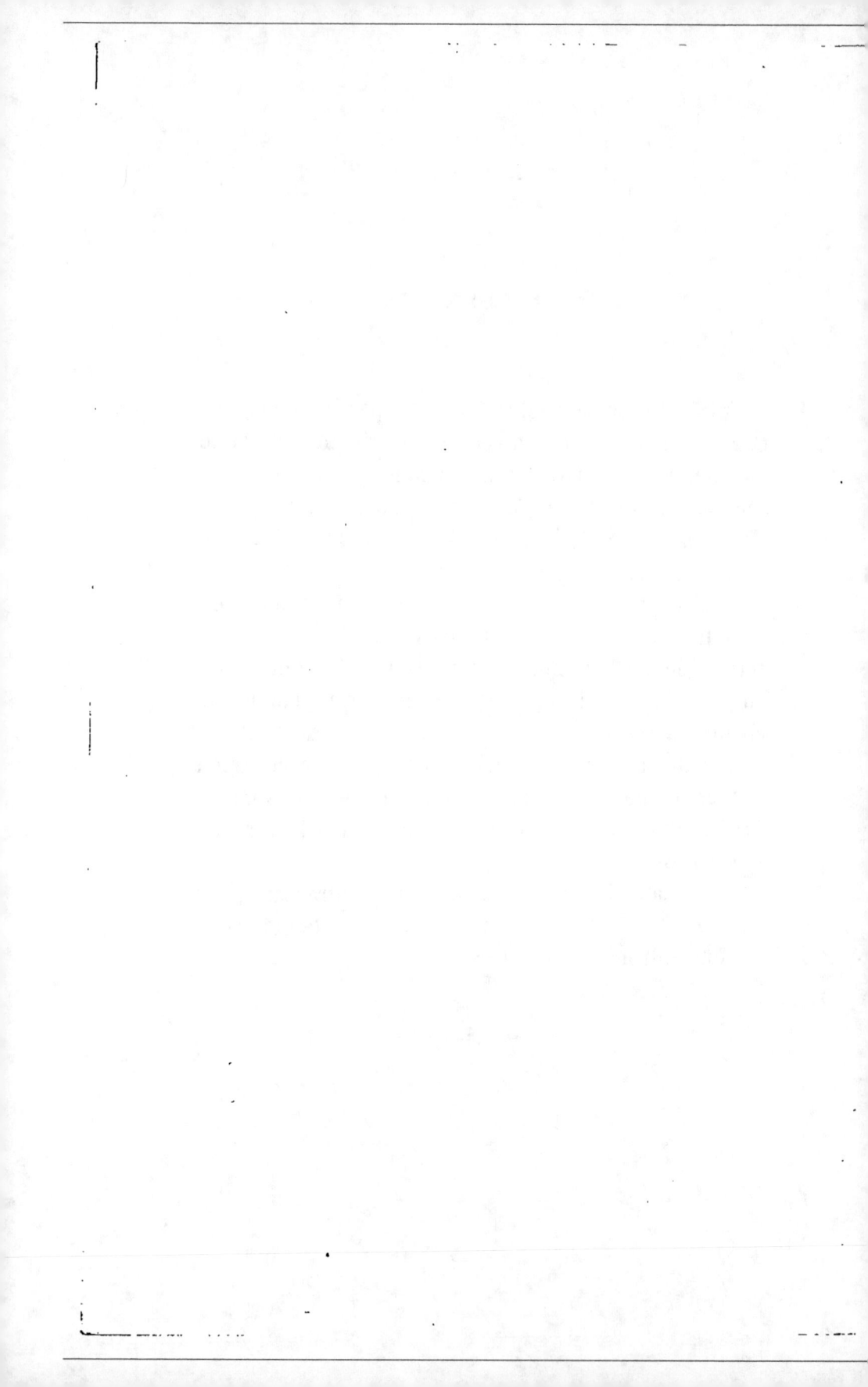

DÉBATS.

L'audience est ouverte à dix heures : la salle est encombrée. Depuis huit heures des dames..... *de Nyons*, occupent les tribunes réservées.

Me Ollivier (des Pilles) est au banc de la défense.

Me Démosthènes (d'Entraygues) plaide pour la partie civile.

Les accusés sont introduits : ils sont musclés ; ils paraissent calmes, peu soucieux de l'issue du procès, et l'examen le plus attentif ne révèle pas en eux d'instincts sanguinaires.

Le greffier Plumitif lit les articles indiquant les faits du procès :

———

Le *Pontias*, du 27 mai.

L'Exposition de 1867 en Province.

On ne songe pas à poser les fermes de l'immense palais du Champ-de-Mars que déjà, au fin fond de la province la plus reculée (je ne dis pas *arriérée*), on se raconte ses projets pour la *great exhibition*. Écoutez plutôt :

A C..... as, les musiciens de la Fanfare disent bien haut qu'ils iront au Concours à prix très-réduit (aller-et-retour).

Un monsieur qui les entend offre de se joindre à la musique pour jouer du triangle *assoluto*. Comme on lui

répond qu'il faut, pour faire partie de la bande privilégiée, être un musicien sérieux, ce monsieur, d'Althen-
lès-Paluds, riposte :

— Je suis *si tellement* un musicien sérieux que c'est
moi, moi le premier que z'ai dormi et ronflé en *basse*
profonde quand la troupe d'Avignon a joué ici ce Tan-
hausser de Wagner, que c'est pas du *riche art !* Ah ! ah !
je ne suis pas un musicien sérieux ! Demandez donc à
tout un chacun qui a dit le premier cette grosse vérité :

*La grande Opéra de Parisse, c'est dé la f..... traille ; il
n'y a que trois villes en France pour le thiâtre :*

Bordo, pour le ballet, *sandis !*

Toulouse, pour le ténor, *capédédious !*

Et C..... as, pour *l'espécialité* du *fassionnaire,* tron de
l'air !

È digo li qué vengué, mon bon, et maintenant donnez-
moi un triangle et vous verrez mon *trémolo !* Je vous dis
que ça. »

A Brives-la-Gaillarde, dans la *remise* de M. le Maire,
on répète tous les soirs les chœurs de Laurent de Rillé,
et *France,* d'Ambroise Thomas, pour faire croire que les
Brivois sont des *gaillards* qui sont français aussi bien que
les Auvergnins ; et les petits de la mutuelle, pour aller à
l'œil à l'Exposition, vocifèrent nuit et jour : *J'ai un pied
qui remue.....*

A Quimper, un peintre de ma connaissance, n'ayant
pu achever un glacis sur un plat d'épinards destiné au
salon de 1866, annonce que son tableau lui servira à
aller gratis à l'Exposition, et peut-être à l'immortalité ;
et tous les Corentinois de faire la hausse sur le vert
véronèse, pour tartiner des toiles aussi hygiéniques
pour la vue que la visière du *Constitutionnel.*

A Sainte-Menehould, tout le monde tricote des bas
de soie.

A Montélimar, on bourre ses poches de nougat; à Arles, de saucissons ; à Lyon, de châtaignes de l'Ardèche ; à Bayonne, de jambons ; à Verdun, de dragées, à seule fin d'aller à l'Exposition à prix réduit (aller-retour).

H. SAUVAGEON.

Après la lecture de cet article, l'*Étoile de Pamiers* pâlit et donne des signes non équivoques de crises nerveuses.

Le gendarme délace le corset de l'Astre.

L'*Étoile de l'Ariége*, journal de l'arrondissement de Pamiers, nous fait l'honneur de citer notre chronique hebdomadaire « si spirituellement redigée, dit-elle, par l'aimable et charmant Alcibiade. »

M. Alcibiade, attrapez. Ça ne blesse pas.

LE PONTIAS

Puissent les éloges délicats de l'*Étoile* de Pamiers nous faire oublier les brutalités du *Pontias !*

Le *Pontias !* qu'est cela, mon Dieu ? pourquoi est-ce faire ? A quoi ça sert ?

Naïveté.

C'est un journal.

Ah ! mais alors un journal pour... un journal que... enfin un journal qui ne sert pas qu'à être lu.

Oyez plutôt ce style et prose parfumée :

« A C.......as , les musiciens de la fanfare disent bien haut qu'ils iront au concours à prix très réduit (aller retour). »

Quelles pudeurs a ce timide *Pontias !* Il n'ose dire en toutes lettres : Carpentras. Le *Pontias !* à la bonne heure , voilà qui est plus euphonique , plus harmonieux.

Suite : « Un monsieur qui les entend offre de se joindre à la musique pour jouer du triangle *assoluto.* »

Assoluto ! que cet *assoluto* me semble beau !

« Ah ! qu'en termes galants ces choses là sont mises ! »

«. . . . . Comme on lui répond qu'il faut, pour faire partie de la bande privilégiée, être un musicien sérieux, ce monsieur d'Althen-les-Paluds riposte : Je suis *si tellement* un musicien sérieux que c'est moi, moi le premier que j'ai dormi et ronflé en *basse* profonde quand la troupe d'Avignon a joué ici ce *Tanhauser* de Wagner, que c'est pas un *riche art.* »

Il n'y a qu'à Valréas qu'on eût mieux dit.

Riche art !

Je voudrais l'avoir fait.

« Demandez donc à tout un chacun qui a dit le premier cette grosse vérité : « La grande opéra de Parisse, c'est de la f..traille. »

Je ne sais qui a dit cette *grosse* vérité , mais je sais bien qui les premiers l'ont signée et imprimée : M. Bonnardel et M. Sauvageon. — Prenez garde, Messicurs il y a des dames, même à Nyons il pourrait y en avoir. Mais le *Pontias* apparemment ne se lit que dans les corps de garde.

» . . . Il n'y a que trois villes en France pour le théâtre :

» Bordo pour le ballet , sandis !

» Toulouse pour le ténor , capé de dious !

» Et C......as pour l'espécialité du factionnaire, tron de l'air... »

C'est le bouquet , un bouquet de taverne , vraiment.

C'est M. H. Sauvageon qui a commis cet article.

M. H. Sauvageon est un écrivain très imprimé.... par les journaux de sériciculture. Il est même général e- ment à la hauteur de son sujet : il y a du ver à soie dans son style.

Mais que diable va-t-il se mettre en tête de rouler nos musiciens et les habitants d'un département qui lui octroie si écossaisement l'hospitalité !

Sois sériciculteur si c'est là ton talent ou je crie avec la mère de Mireille :

Li magnan , à meijour manjaran rèn alor ?

ALCIBIADE.

Jeudi soir, la musique municipale a donné, sur la place du Palais, une séance d'harmonie.

Nous avons entendu avec un nouveau plaisir l'ouver- ture de *Martha* qui lui a valu, avec *Attila*, le prix du con- cours de Lyon.

La foule des dilettanti a constaté avec quelles chances avantageuses notre corps de musique pourra prendre part au grand concours de Paris, s'il continue à se for- tifier par des études assidues et passionnées.

Sous l'intelligente direction de M. Georges Rauche-necker, la difficulté n'est plus un obstacle. Le zèle et la persévérance doivent suffire.

Et si, comme c'est sûr, aucune défaillance ne vient compromettre l'élan qui, jusqu'à ce jour, a entraîné nos artistes et leur chef, on peut sans présomption leur promettre de nouveaux succès, n'en déplaise au *Pontias* et au maëstro Sauvageon.

Il y avait, jeudi soir, beaucoup de monde sur la place du Palais, bien que le temps ne fût pas très clément et que faute d'avoir été suffisamment annoncée, cette séance ait quelque peu ressemblé à une surprise musicale.

On assure que nos musiciens se proposent de nous donner tous les quinze jours une semblable séance. A merveille. Plus ils feront pour nos plaisirs, plus le public sera tenu de leur faciliter le voyage à Paris. Bientôt ils doivent donner un concert. Si ce soir-là le Théâtre n'est pas trop petit, c'est que nous serons des ingrats.

On nous charge d'annoncer que le *Cercle philarmoni-que* organise un concours de musique qui aura lieu pendant les fêtes de Notre-Dame-de-Santé.

Qu'en pensent le *Pontias* et le maëstro Sauvageon?

Ont-ils jamais organisé quelque chose, eux?

La musique de Nyons, peut-être, qui se compose de deux triangles et d'un ophicléide *assoluto*, fait la parade, les jours de fête, devant l'Hôtel-de-Ville! En ce cas, l'ironie et le boniment du *Pontias* et du maëstro Sauvageon à l'endroit de Carpentras ne sont que cha-rité, et nous nous estimerons bien heureux si, au con-cours de Notre-Dame-de-Santé le corps de musique de Nyons vient, le *Pontias* en bannière et le maëstro Sauva-geon en tête, nous infliger la preuve de sa supériorité.

ALCIBIADE.

Je signale *le Pontias*, journal de Nyons, comme un journal d'esprit. N'est-ce pas M. Sauvageon?

Quand on voit un journal qui a nom *Pontias*, et dans le même organe un article signé SAUVAGEON, on se demande si Nyons n'est pas un pays de sauvages.

Si M. Roux organisait un service pour se faire conduire de la place du Palais au Casino... il ferait de l'argent.

Ne fût-ce qu'à 10 centimes.

Pensez-y, M. Roux !....

Voici venir à nous un petit sauvage d'Amérique qui n'a pas craint de s'arrêter à Nyons à l'hôtel du *Pontias*.

Sauvageon ! vous n'êtes qu'un canard, vous avez traversé, sans danger peut-être, le grand Océan, mais rappelez-vous qu'on ne traverse pas impunément les Confines.

Ainsi donc je vous arrête.

Si vous voulez que je vous traite en illustre prisonnier, soyez sage.

Je vous réserve mes vers-à-soie.

———

Amende honorable faite loyalement à l'illustre ALCIBIADE *de l'Indicateur de Carpentras.*

O *Carpentras !* ville fortunée entre toutes les villes, tu l'emportes même sur Brives-la-Gaillarde et Quimper-Corentin ; réjouis-toi donc et tressaille d'aise..... ton oracle a parlé..... Et toi, pauvre *Pontias*, toi surtout, *Fanfare* de Nyons, que nous aimons tant, et qui viens de troubler l'*harmonie* qui régnait entre toi et nos béné-

voies voisins de *Carpentras*, prenez le sac et la cendre,
vous êtes vaincus. Quoi d'étonnant, avec un champion
aussi redoutable..... *Alcibiade*, quoi !

Le *Pontias,* du 10 juin 1866.

Et toi, O *Sauvageon !* quelle affreuse *iarasque* t'avait
piqué aussi ?... que vas-tu faire maintenant ? — O
Alcibiade ! n'es-tu pas trop cruel ? — Une seule porte te
reste encore ouverte. O malheureux Sauvageon! coupe
tes cheveux, brise ta plume, et fais-toi trappiste ou
chartreux.....

Horresco referens.....

Hélas ! oui, *Alcibiade,* le grand *Alcibiade,* l'intrépide
Alcibiade a parlé et écrit, et nous voilà réduits *in pul-
verem !*

Le voyez-vous d'ici, largement encapuchonné, fron-
çant ses noirs sourcils, le feu sacré de la vengeance
agitant tous ses muscles comme un *trémolo* de la *dive*
musique de *Carpentras*, et traçant sur le revers de quelque parchemin moisi votre publique condamnation !
C'est dans des cas semblables que l'homme s'élève au-
dessus de lui-même, et sent vraiment, dans son âme,
luire l'étincelle divine.....

Aussi, il me semble le voir, ce *guerrier redoutable,*
comme un nouveau Cacus, enfermé dans son *antre,* —
lisant dans son *cabinet* — faire abstraction de tout ce qui
l'entoure et se livrer tout entier

Au soin de sa vengeance ....

Même qu'un rayon de soleil venant, par mégarde
sans doute, se jouer dans les poils hérissés de sa barbe,
fut apitoyablement maltraité comme un importun de la
pire espèce, avec le revers d'une main durcie par cent
combats..... à la *plume* ; mais, paraît-il, le grand *Alcibiade*

ne put se débarrasser de ce fâcheux rayon ; il éternua d'abord, s'injecta deux prises ensuite et..... éternua encore.

Vous le voyez, *il était là*, suant, soufflant, sans doute, mais écrivant.

> Sa plume sous ses doigts ne pouvait se tenir !
> C'était dans son encrier qu'il lavait son outrage !

Enfin,

> Après bien de travail notre homme respira.
> Merci, Muse, dit-il, qu'Apollon te bénisse !....

Et il éternua encore.

Mais il avait fait connaître sa fameuse *ophicléide* que quelque marchand de bric-à-brac lui a sans doute vendue... au rabais... en vue du prochain concours.,..

> La terre s'en émeut, l'air en est infecté....

Voilà donc, mes chers concitoyens, ce qui se passait dans la bonne ville de Carpentras, la perle des villes, pendant que vous ronfliez sur vos deux oreilles ! Vous ne vous doutiez sans doute pas de cet orage qu'amassait sur vos têtes le noble vengeur du *triangle* des *Carpentrassiens*.

> A tous les cœurs bien nés que la patrie est chère !

Je vous conjure donc, habitants de Nyons, afin de prévenir quelque nouveau désastre, de vous joindre à moi pour ouvrir une souscription afin d'envoyer à l'heureux possesseur du *triangle* et de l'*ophicléide*, un *bugle*. (prière à M. le Prote du *Pontias* de ne pas corriger *buffle*) nouveau modèle et perfectionné. Nous pourrions peut-être ainsi apaiser le trop juste courroux que nous avons excité. Et puis un *bugle*, dame un *bugle*, c'est tout dire, vogue le *bugle*....

2

O incomparable *Alcibiade,* que je t'estime heureux....
reçois mes faibles hommages : non, tes *dilettanti* (il peut
y en avoir à *Carpentras)* n'iront pas à l'Exposition à prix
réduit, aller-retour. Fi !... que c'est mesquin cela !

Toi, mais toi seul *Alcibiade,* pouvais faire un prodige,
et tu l'as fait ; tu as décidé tes chères compatriotes, les
douces Carpentrassiennes, à délier les cordons de leurs
bourses *pour leur faciliter le voyage à Paris,* et tu savou-
res déjà le plaisir que tu ressentiras lorsque tes *doux*
musicicus, revenant de la capitale, seront attendus sous
un arc-de-triomphe au milieu duquel tu trôneras, ayant
à tes pieds les instruments vainqueurs ; tu seras là, sur
ton large fauteuil, supérieur à tous, et, le *bugle* en main,
tu présideras à la distribution des *paires de bretelles,* du
pain d'épice, des *bonnets de coton* et des *gilets de flanelle*
que ces *nobles dames* recevront de tes *Orphées* reconnais-
sants.

Aussi, à qui diable allait-il s'attaquer, ce timide *Pen-
tias,* si cher à nos cœurs.... et à nos oliviers?..... A un
Alcibiade qui, entouré de lauriers et de bouquins, pourrait, avec un peu de bonne volonté, entendre les *gémis-
sements* des presses de *Pamiers*..... Heureuses presses,
heureuse *Étoile,* heureux *Pamiers.* — Toi aussi tu vas
provoquer une souscription publique ; la moisson sera
abondante, et tu vas, dans les plis de ta blanche *Étoile,*
envoyer au nouveau *Chrysostôme* de *Carpentras* quelques
bouteilles de tes meilleurs crus, et quelques caisses de
tes fameuses eaux d'*Ax.* On dit que ces eaux sont d'un
effet merveilleux contre les *catarrhes* et contre les pi-
qûres des *tarentules.*

Et puis, tu pourras, ô trop heureux *Pamiers,* sur une
de tes places si *joliettes* et avec le marbre que l'on trouve
en abondance dans tes fertiles environs, élever une statue à *Alcibiade,* avec cette inscription sur le piédestal :

Au fameux Alcibiade,

Le phénix des hommes de plume,

de CARPENTRAS,

Les lecteurs de l'Étoile de Pamiers

Passants, découvrez-vous et..... **ADMIREZ ! ! !**

Mais, *Pamiers,* dépêche-toi, car *Carpentras* a déjà eu cette idée, et l'on parle même de faire poser, pour plus de ressemblance, *Alcibiade* lui-même, chez le tailleur de pierre du coin, sculpteur breveté et patenté des jardins publics de *Carpentras* et lieux circonvoisins.

Pauvre *Pontias,* pauvre musique de Nyons, tenez-vous bien ; voici encore sur un léger nuage tout bariolé comme un Mandarin, une femme au regard *assassin,* qui vous dit bonjour en passant et qui vous jette du haut des airs (elle voit les choses de haut) un petit coup de grosse caisse à faire grelotter le plus *grelottin.*

Chère *Bohême,* merci...... bon courage..... Va, tu es aussi, toi, appelée à de grandes choses.... et si jamais, comme ce pauvre *Grelot,* tu étais obligée de *cuire* dans un *four* (ce dont les dieux te préservent) le *Pontias* enverrait une députation de *triangles,* d'*ophicléides* et de *bugles,* pour honorer tes funérailles, comme il convient à un personnage de ta valeur... tu peux y compter.

Mais ne voilà-t-il pas qu'une larme...... Pardon, *Bohême,* tu en fais bien verser d'autres.....

DIOGÈNE, 2ᵐᵉ du nom.

Monsieur le Directeur,

Me voilà bel et bien pendu à deux potences, pour mon article du *Pontias*.

1er gibet : *L'Indicateur de Carpentras.*

Vrai! Monsieur Alcibiade, je voudrais bien vous opposer un nom aussi attique ; mais je ne suis qu'un *Sauvage....on d'Amérique*, demandez plutôt à *l'engueulement* du bohême signé Loth.

Un Peau-Rouge peut bien négliger un peu l'atticisme et je vous dis, ô *andrès athenaioï* de l'*Indicateur* : On ne peut pas se laisser dire maëstro, lorsqu'il y a des Rossini, des Gounod, des Verdi et *tutti quanti*.

Un carpentrassien m'a dit hier que la musique des Confines (connais pas) est un corps (pas cor) d'harmonie dont le triangle qui y est (*assoluto*) serait du trop plein dans une fanfare.

Cher tourmenteur de l'*Indicateur*, je ne suis pas de Nyons, je ne sais pas qu'elles sont à Nyons les ressources de la musique locale. Eh! eh! on pourrait faire du bruit dans le monde avec deux triangles et un ophicléide *assoluto* ; mais pour la *santé* des dames de Notre-Dame-de-Santé, nous ne tirerons pas le *Pontias* en bannière, ce serait du boniment un peu bohémien, et le maëstro Sauvageon, qui ne va pas au pas accéléré, ne se mettra pas à la tête de l'ophicléide, de peur que le *Pontias* ne sorte par l'embouchure ou le pavillon ! Couac !

2me gibet : *La Bohême.*

Retroussons nos manches comme Arpin le Savoyard terrible, ou Léléou (Marseille), car ça commence comme une tomberie ou un engueulement aux halles centrales. Chère *Bohême*, je vous ferai avoir un abonnement chez ces dames de la halle ; le *Grelot* dirait que cet abonnement (*rara avis*) vous ferait tomber des nues ; avez-vous jamais eu un abonné dans votre vie de bohême?

Quel est donc ce M. Roux qui survient là pour attraper un horion (lisez *pavé*) de M. P. Loth, monsieur qui *pelotte*, tel est sans doute le sens de cette signature, qui est toute de sel comme les filles de Loth.

Sauvageon, vous n'êtes qu'un canard !

Si, ailleurs que chez des bohêmes, on pouvait quitter ses chaussettes en société, je vous montrerais que je n'ai pas les pieds palmés.

Dites-moi donc quel est le pays que confine les Confines.

Je croyais, moi, Sauvage de la Patagonie, qu'il était admis dans le monde des Carpentrassiens, des Brivois et des Quimperlois, que ce trio était inséparable et qu'ils étaient habitués à se donner la main dans les goguenardises périodiques, comme les chiens sont habitués à ne pas porter de casquettes. Je croyais que le sang versé de ce pauvre Reynaud La Gardette, avait acquis aux générations futures, même aux Patagons, le droit de s'ébaudir un peu de Quimper, de Brives et de Carpentras. Mais je n'étais qu'un sauvage Patagon et en me civilisant avec les Bohémiens, je sais qu'il faut, en parlant de Carpentras, se découvrir bien bas et prendre des manières du meilleur monde, des manières comme nous en prendrons le jour où nous irons à Notre-Dame-de-Santé faire un affreux charivari avec les deux triangles et l'ophicléide de Nyons.

H. SAUVAGEON.

CHRONIQUE

à travers nos journaux.

—

Le *Pontias* n'est pas seulement le nom d'un vent re-
marquable et salubre qui souffle à Nyons, c'est encore
le nom d'un journal de la même ville; mais le journal
n'a pas toujours les qualités du vent, son patron. Et
plût à Dieu que le *Pontias* (vent) eut emporté dans les
eaux de l'Eygues le dernier *Pontias* (journal). Qu'y au-
raient perdu les abonnés de l'*Indicateur* et les simples
lecteurs, amis du bon goût, de la grammaire et des con-
venances littéraires et sociales? Rien. Même ils y au-
raient gagné de ne pas gémir. La disparition de cet
utile carré de papier n'eût fait peine qu'aux épiciers et
aux emballeurs, et encore ces regrets n'eussent été que
d'un moment, car les feuilles à pliage ne manquent jamais en un temps où tout s'imprime, même ce qui ne
sera pas lu.

En vérité, il est triste de voir un journal calme d'or-
dinaire comme une annonce de pharmacie, sortir tout
d'un coup de cette sagesse et se ruer, hors des gonds,
sur un autre journal, avec toutes sortes de grimaces,
de gambades, de gestes carnavalesques; il est triste de
le voir s'appliquer à faire de l'esprit (ceux qui en ont
n'en font pas et usent de celui dont le ciel les a doués,
et celui-là est le meilleur); il est triste, dis-je, de le voir
s'appliquer à faire de l'esprit contre une ville, par cela
seul qu'elle s'appelle Carpentras, lorsque lui-même s'appelle le *Pontias !* et ne pas réussir à trouver un seul mot

piquant, même en mêlant du grec, du latin et de l'italien à des phrases très peu françaises.

Un noble et spirituel vieillard de Carpentras me disait quelquefois que du moment qu'on n'est pas entendu de tout le monde, on ne parle pas français ; or, rien de moins clair que le style épais du dernier numéro du *Pontias*. Rien de moins convenable aussi.

Quand donc pratiquera-t-on partout cette belle maxime d'un homme de la Restauration : Le respect d'autrui fait partie du respect de soi-même.

Parce qu'on signe *Diogène* 2me *du nom*, et que Diogène était cynique, se croit-on en droit de se livrer à la grosse et inconvenante polémique ?

Parce qu'on est journaliste séricicole, et que les vers à soie ont trompé bien des espérances, a-t-on par cela seul raison à venir écumer en mauvaise langue, sur tout un corps de musique, sur tout un journal, sur toute une ville ?

M. Sauvageon dit qu'il n'a pas les pieds palmés comme les canards ; et qui donc lui parle de ses pieds ? Il nous apprend qu'*il ne va pas au pas accéléré*, sur quoi j'ai peur que la *Bohême* ne dise que qui n'a pas les pieds d'un canard pourrait bien avoir l'esprit d'une tortue, et ce n'est pas l'article de M. Sauvageon qui prouverait le contraire.

Où M. Sauvageon a-t-il vu que les filles de Loth furent changées en statues de sel ? La femme de Loth fut seule ainsi métamorphosée. M. Sauvageon n'a pas la main heureuse : il veut mettre du sel dans une de ses phrases, et il y met une erreur !

Au rebours d'Homère, tout ce que touchent MM. Diogène et Sauvageon se convertit en pavé. Toutefois, M. Alcibiade, si lourdement lapidé par eux, n'en a pas senti la moindre égratignure.

Il ne reste d'espace que pour quelques lignes, et pourtant je voudrais louer les vers insérés dans le *Mercure aptésien*, le *Faucheur,* par Louis Burle, paysan, charmante poésie où souffle l'air libre et pur des prairies printanières.

Je voudrais féliciter la *Bohême* sur certain article de son dernier numéro qui semble inaugurer une nouvelle et plus heureuse manière de comprendre la littérature polémique, et qui va mettre entre elle et M. Sauvageon une immense différence, tout honorable pour elle.

Je voudrais surtout signaler au dédain public une phrase de M. Soulier qu'on ne passerait pas même à un jeune baladin. Citant la chanson si connue : *Il faut des époux assortis dans les liens du mariage*, il a cru être très agréable à ses lectrices en coupant par des points et par un intervalle le mot *liens,* et en disant : *Il faut des époux assortis dans les* LI...ENS *du mariage.* Certes, voilà qui est plus attrayant.

Misérable faiblesse d'esprit qui oblige un feuilletonniste vieilli sous le harnais littéraire à descendre à de pareils moyens à peine dignes d'un gros rieur de carnaval ! Quand un feuilleton ne peut avancer qu'en y attelant de telles rapsodies, on le laisse en place, et sans en écrire une seule ligne de plus, on se contente de lire les articles des autres, fussent-ils ennuyeux même comme celui que je signe.

(*Mazan*). Maurice LANOIX.

Le *Pontias* fait amende honorable.

La ville de Nyons était en deuil. Les cloches sonnaient un glas funèbre. On avait tendu de noir la maison Bonnardel.

Après quatre années de mauvaises impressions et de sauvageonneries burlesques, le *Pontias*, humilié, pénitent, « couvert de cendre, » tout maculé par le bât de ses rédacteurs, et le cilice de ses adversaires, s'en allait tristement « déposer une amende honorable, » aux pieds de nos bureaux.

En tête du cortège la fanfare de Nyons, de crêpe revêtue, cherchait vainement dans tous les flonflons de sa parade hebdomadaire une note triste et désolée. Le triangle *assoluto* s'arrachait les cheveux, et les ophicléides inconsolables bémolisaient leur douleur.

Deux bannières les abritaient sous leurs plis dévastés. L'une, portée par l'infortuné Bonnardel, représentait le dernier numéro du *Pontias* encadré de larmes et de longs repentirs. Un bombyx maladif ornait l'autre que tenait le maëstro Sauvageon, qui n'a pas qu'un ver-à-soie à son arc, et qui est aussi « l'émule incompris des Rossini, Gounod, Verdi et *tutti quanti.* »

Durant tout le cortège marchait à ses côtés un autre Peau-Rouge qui lui servait de bureau de renseignements.

Le *Pontias* s'avançait sous les traits altérés de Diogène II.

Diogène Ier allait ainsi de par les places publiques, cherchant un homme.

Non moins cynique, Diogène II allait... cherchant... un pardon.

Tout en marchant il récitait, en patenôtres, les versets magnanophiles du maëstro Sauvageon. Et cette attent'on dernière arrachait au maëstro d'harmonieuses lamentations.

Puis venaient les *pleureuses*, timides nymphes du *Pontias*, qui mouillaient de leurs larmes les numéros qu'elles avaient tant *plié*.

Les annonces judiciaires fermaient le cortège.

Sur le passage, la population attendrie renouvelait ses abonnements..... et déjà Bonnardel sentait sa douleur s'alléger.

A ce moment, l'on vit, dans le fond du tableau, blotti derrière une réclame du *Pontias*, Alcibiade lui-même, « largement encapuchonné. » Le *feu* sacré de la vengeance *agitait* tous ses muscles. — A Carpentras, le feu brûle, il n'*agite* pas, mais à Nyons on a changé tout ça. — En même temps, « il *sentait luire* dans son âme *l'étincelle* divine... » ou du moins le *Pontias* le dit dans sa prose de converti. Si le *Pontias*, que l'on *sent* d'assez loin pourtant, lançait un jour des étincelles, nous nous contenterions de dire que nous *les avons vues.*

Arrivé au terme de son pélerinage, Diogène II s'agenouilla. Il voulut s'exprimer en français, pour complaire à l'*Indicateur*, et dans un solécisme latin qui désarma son adversaire, il allait faire amende honorable....

— C'est bien, ô *Pontias* de mon cœur, lui dit l'*Indicateur* en l'interrompant, je ne serai pas cruel, ainsi que tu le crains, non, je ne veux pas la mort du pécheur : *J'accepte tes excuses!*

En apprenant cette solution, Nyons a quitté ses habits de deuil, ses cloches ont repris leurs joyeuses volées, et la fanfare du pays a entonné de plus belle la gloire du *Pontias*.

ALCIBIADE.

Pour le plus grand plaisir du maëstro Sauvageon, nous tenons à constater que notre musique municipale s'est surpassée, jeudi soir, aux Platanes, dans l'exécution du grand morceau d'*Haydée* qui lui avait valu, on se

le rappelle, et il est bon que **M.** Sauvageon le sache, le
1ᵉʳ grand prix au concours de Nîmes.

Grâce à la nouvelle étude que nos musiciens avaient
faite de ce morceau, sous la direction de **M.** Georges
Rauchenecker, tout Carpentras — le Carpentras des
grands jours, — a pu applaudir aux progrès toujours
croissants de nos futurs concurrents aux prix de Paris
— aller et retour — comme dit l'éminent maëstro Sauvageon.

Réclame :

M. SAUVAGEON, rédacteur du journal *la Sériciculture,*
de **VALRÉAS,** vient d'être nommé rédacteur en chef du
journal *le Pontias.*

Sᴀᴜᴠᴀɢᴇᴏɴ ᴅᴇ Vᴀʟʀᴇ́ᴀs, ʀᴇ́ᴅᴀᴄᴛᴇᴜʀ ᴅᴜ Pᴏɴᴛɪᴀs!
Dieux! quel nom! quelle patrie! quel journal!

E. Tᴀɴɪᴇssᴇ.

Avis très important.

L'Administration du *Pontias* prévient ses chers compatriotes que la souscription ouverte en vue d'envoyer
un *bugle* à l'*illustre Alcibiade* de Carpentras, est close à
dater de ce jour.

L'Administration remercie les habitants de Nyons de
l'empressement qu'ils ont mis à venir souscrire ; une
bonne œuvre ne les trouve jamais en défaut...... merci
pour *Alcibiade.*

On avisera aux moyens d'envoyer le plus tôt possible
ledit *bugle* à son heureux propriétaire; et, si le montant
de la souscription le permet, ce qui est plus que proba-
ble, on joindra une *clarinette* à l'envoi.

Pour copie conforme,

DIOGÈNE, 2ᵐᵉ *du nom.*

Le propriétaire du **Pontias** dans la grande querelle avec le **Conciliateur** et la **Bohême**.

Monsieur le Directeur,

Deux cochers de fiacre se rencontrent un jour rue Richelieu dans un embarras de voitures. L'un frappe le cheval de l'autre, qui, pour se venger, frappe le bourgeois du premier.

Il vous arrive un peu la même mésaventure, et Messieurs Alcibiade et Loth frappent sur vous parce que vous avez inséré un petit coup de fouet de M. H. Sauvageon. Le *Conciliateur* et la *Bohême* vont même jusqu'à prendre à partie la ville de Nyons tout entière, sans omettre les dames qui n'ont que faire en cette affaire.

Je me contenterai de dire à nos adversaires : Oui, il y a des dames à Nyons, et des dames qui lisent le *Pontias* sans rougir.....

Le *Pontias* n'a jamais eu la prétention d'avoir de l'esprit, et lorsqu'il a besoin de cette denrée, il ne va pas s'approvisionner à la *Bohême*. Le dictionnaire du Charivari carpentrassien n'est pas le même que celui du *Pontias,* et, par exemple, ce *tu n'es qu'un canard* ne dit rien si ce n'est pour les titis habitués des cafés-concerts, et des bouges d'un ordre plus inférieur.

En somme, nous n'avons pas perdu grand chose, vous ainsi que moi, à la grande colère de nos confrères. Pour moi, j'ai été proclamé maëstro, et le *Pontias* est en instance pour voir dire qu'il lui est permis d'avoir de l'esprit.

H. Sauvageon.

P. S. — Je m'aperçois que je m'obstine à appeler l'*Indicateur* le *Conciliateur*. Il n'y a point là d'antiphrase, ceci prouve seulement que n'ayant jamais été garde des SOTS, je me préoccupe peu des titres.

Sur P. S. — *Etoile de Pamiers,* ma mie, donnez-moi donc des éloges *délicats* comme vous en offrez à l'*Indicateur*.

Si vous vouliez du *Pontias* qui sert à autre chose qu'à des obscénités, quoiqu'il soit un journal en papier bien doux (1), on vous servira le *Pontias* plus parfumé que la prose de ceux qui ne parlent que de choses innommables.

Mais, j'y pense, l'*Indicateur* devient bien mordant ; il sort de ses habitudes. La *Bohême* elle-même tombe sous sa griffe.

Le *Courrier de Vaucluse* n'est pas épargné. Et M. Soulier qui ne s'est jamais compromis par l'engueulement, trouve un coup de talon à son adresse.

Même la *Ruche* d'Orange entend bourdonner autour d'elle des bruits de mort prochaine, et la *Ruche* vit très bien, elle fait *raffle, elle. Un ciel sans étoiles* n'est pas le ciel de Pamiers. *Un journal sans esprit,* on en connaît pas mal.

H. SAUVAGEON.

L'étoile de Pamiers : voudrait-on parler de moi, par hasard ?

---

(1) Quoiqu'il en dise, l'*Indicateur* ne dédaigne pas quelquefois de demander une rame de papier *chez son confrère et ennemi intime le Pontias*

Monsieur le Directeur,

Il faut convenir qué je n'ai pas de chance dans notre presse départementale.

Récemment quelques lignes dictées par le cœur me valaient de rudes semonces de Monsieur Junior, cadet, du *Mercure Aptésien*, venant à la rescousse d'un journal séricicole.

Aujourd'hui pour un article du *Pontias*, voilà que la presse carpentrassienne me houspille de la belle façon.

Je ne crains qu'une chose : l'intervention de l'*Etoile de Pamiers* du *Moniteur de Brives-la-Gaillarde*, de *la Vigie de Quimper* et alors il ne me reste plus qu'à venger Valréas du petit trait d'Alcibiade de Carpentras.

Pour un mauvais jeu de mots, Alcibiade prétend qu'à Valréas seulement on eût pu mieux dire ; *je croyais avoir dit à Valréas* ; il paraît que j'eusse été plus heureux aux Confines, si j'en juge par la vigueur des traits acérés qui m'arrivent de ce pays, et qui font de moi un vrai Saint-Sébastien percé de mille dards.

Pour apaiser toutes ces colères de petite presse, je propose un congrès des journalistes du département avec admission du *Pontias* ; là, l'entente la plus cordiale, l'harmonie la plus touchante sans dissonance d'accord, prouvera à ceux qui pourraient en douter que le *Méridional*, le *Courrier de Vaucluse*, le *Mercure Aptésien*, la *Ruche*, l'*Indicateur*, la *Bohême*, voire même le *Pontias* peuvent se réunir dans les agapes fraternelles et noyer toutes leurs discordes dans un verre de Châteauneuf-la-Nerthe qui fait oublier les soins fâcheux.

Hyp. Sauvageon.

AUDITION DES TÉMOINS

1er TÉMOIN

L'*Étoile de Pamiers*, dans le demi-deuil de Levassor pleurant le petit cochon de Barbarie.

Le témoin semble très fatigué, il s'assied et pousse un soupir et un demi-soupir bien accusés.

LE PRÉSIDENT. — Vos noms, âge et profession?

LE TÉMOIN. — L'étoile filante de Pamiers (Ariège); j'ai l'âge des étoiles..... filantes, par vocation, je verse des torrents de lumière sur les obscurs blasphémateurs de Carpentras.

LE PRÉSIDENT. — Vous êtes témoin à charge?

LE TÉMOIN. — Pour la charge.

LE PRÉSIDENT. — Connaissez-vous les accusés, avez-vous été à leur service ou eux au vôtre?

LE TÉMOIN. — Mais non! non! Ah bien! si j'avais un rédacteur et un imprimeur comme ces gaillards-là, je pourrais bien aller me coucher.

LE PRÉSIDENT. — Connaissez-vous Alcibiade?

LE TÉMOIN. — Oh! j'en raffole! châmant! châmant! Si j'avais un chroniqueur de cette force, j'enfoncerais Auch et Foix (d'Étoile)! Les Pyrénées s'inclineraient devant moi! Oh! oh! oh! soutenez-moi!.. L'huissier de service offre au témoin un verre d'eau sucrée.

LE PRÉSIDENT. — Madame, nous sommes suffisamment éclairés, vous pouvez vous retirer avec vos rayons.

LE TÉMOIN. — A votre aise, Messieurs! Vous gênez pas!

2me TÉMOIN.

On apporte un tonneau d'où sort Diogène.

LE PRÉSIDENT. — Votre nom?

LE TÉMOIN. — Diogène II.

LE PRÉSIDENT. — Que savez-vous?

LE TÉMOIN. — Comme je viens d'être mis en pièces permettez-moi de me recueillir.

LE PRÉSIDENT. — Cueillez des bluets dans les blés. *(Rires dans l'auditoire)*

LE TÉMOIN. — J'ai écrit au *Pontias* un article qui est au dossier. Voilà ce que je sais.

LE PUBLIC. — Hu! hu! hu! pour le *Pontias*.

LE PRÉSIDENT. — Huissier, faites évacuer la salle.

L'étoile pâlit, pousse un soupir déchirant! déchirant! On lui fait respirer des sels qui la remontent à son firmament. Cependant, dans ses sanglots entrecoupés, on entend encore : Châmant chroniqueur! châmant! châmant!....

Un voyou oublié dans la salle. — *Chè canto aquelo?*

L'étoile de Pamiers baillant :

Quel cynisme diogénique ! ! !

MONSIEUR LE PRÉSIDENT. — Madame l'Etoile, vous avez déposé, votre déposition est acquise aux débats, et je vous prie de vous abstenir de toute marque d'approbation ni d'improbation jusqu'à ce que vous ayez été invitée en vertu de mon pouvoir discrétionnaire.

3me TÉMOIN. — *Artapax.*

M. LE PRÉSIDENT. — Vos noms, âge et profession?

LE TÉMOIN. — Mon pseudo est *Artapax*.

Je signais ainsi des articles dans feu le *Grelot*, où j'avais pour spécialité d'asticoter la *Bohême* ; je présuppose que j'ai 28 printemps.

L'ÉTOILE DE PAMIERS. — *Je Grelotte.*

LE PRÉSIDENT. — Mettez Madame au ciel ouvert.

Monsieur, que savez-vous de l'affaire?

LE TÉMOIN. — Je sais que l'accusé a écrit au *Grelot*,

et qu'il doit y avoir du *Grelot* caché sous la roche des rudes invectives de la *Bohême*.

Je n'en pense pas plus et j'en dis tout autant.

Mᵉ OLLIVIER (des Pilles) : — *Et moi je pense ainsi que le préopinant.*

Les débats sont clos.

———

Mᵉ DÉMOSTHÈNES (d'Entraygues).

——

Messieurs,

Grâce aux saugrenuités de la rédaction du *Pontias*, tout est sens dessus dessous à Carpentras ; de la statue d'Inguimbert à la porte d'Orange, des bruits de mort circulent dans les groupes animés ; les nourrissons mordent le sein de leurs nourrices, dont le lait tarit ; la pyramide chancelle sur sa base, *les femmes oublient leurs crinolines* ; les pompiers brûlent ; sur la promenade, les bancs se dressent et ne peuvent plus servir *pour s'asseoir* ; les ivrognes mettent de l'eau dans leur vin, et l'on dit tout bas qu'Artapax, utilisant les loisirs que lui fait la mort du *Grelot*, vient de découvrir dans les archives départementales un mémoire prouvant que l'escalier de l'hôpital n'a pas été fait à Carpentras.

Choses plus graves ! L'esprit de la *Bohême* tourne à l'aigre ; le théâtre reçoit des pièces de Bilboquet, et on les applaudit, les tricotteuses de bas oublient les diminutions ; tous les soirs, à l'heure des spectres, des fantômes apparaissent sur la crête de l'aqueduc ; les rôtis se gèlent ; les glaciers du mont Ventoux bouillent comme des chaudières tubulaires ; les avocats sont muets ; et tout cela à cause du *Pontias !*

3

Messieurs, en terminant, laissez-moi dire que l'émotion m'a gagné en plaidant cette affaire majeure. Jamais, non jamais, on ne vit tant d'audace jointe à autant de perversité, tant d'incapacité unie à si peu d'esprit, tant, tant, tant.... enfin, contre le principal accusé, je demande la peine la plus sévère : l'obliger à lire toute la collection de l'*Indicateur* et de la *Bohême*.

Cette affaire, n'en doutez pas, est une trame ourdie par un odieux machiavélisme : Nyons et Valréas jalousent Carpentras ; on cherche à détruire notre supériorité écrasante en décochant contre nous les petits traits émoussés de la critique, et, tandis que de Pamiers (Ariége) les sympathies les moins équivoques viennent à nous, le *Pontias* souffle sur nous ses méchancetés aigrelettes.

Je croirais, Messieurs, mal servir les intérêts de mes clients si, après leurs articles victorieux, dans toutes les lignes j'essayais de démontrer leur supériorité sur nos adversaires.

Voyez nos journaux comme ils sont bien imprimés sur papier extra ; dites-moi si sur les bords d'Aygues on peut imprimer comme çà? Le contenant vaut le contenu. Didot, Plon et Paul Dupont sont distancés.

Je ne doute pas un instant que les chefs d'œuvre typographiques de l'*Indicateur* ne lui assurent gain de cause devant les hommes compétents, devant les galées typographiques.

Mᵉ OLLIVIER (des Pilles).

Messieurs,

Dans cette affaire, je ne suis pas ému, parce que je suis sûr du résultat, parce que j'ai confiance en votre justice.

Les accusés qui m'ont remis le soin de leur défense attendent, impatients, l'arrêt qui les absoudra. Nous n'avons pas pour nous le témoignage platonique d'une étoile de troisième grandeur. Pas une nébuleuse n'a daigné s'évanouir pour nous ; mais nous sommes forts de notre innocence et nous puisons des arguments en notre faveur même dans le dire de nos adversaires.

Nous n'avons pas d'esprit, nous le savons, mais alors pourquoi nos pointes émoussées ont-elles soulevé vos colères bohémiennes ?

Vous nous faites un tableau émouvant de Carpentras troublé par notre article ; ficelle ! ficelle ! ficelle !

Applaudissez-nous donc, si par nous les dames ont oublié leurs crinolines, cet engin ridicule auquel il ne manquait plus que le ridicule que vous lui avez infligé.

Le résultat de cette affaire ne pouvant être douteux, je termine par la demande reconventionnelle suivante :

Plaise à Messieurs :

Condamner nos adversaires à un abonnement perpétuel à *l'Étoile de Pamiers* ;

Avant de terminer, avant que vous nous condamniez à la peine trop sévère requise contre nous, permettez-moi, Messieurs, de faire un résumé succinct des faits :

Le *Pontias* publie un article dans lequel on renouvelle ces plaisanteries rabâchées contre Carpentras, Brives-la-Gaillarde et Quimper.

Contre cet article dans lequel je défie qu'on trouve une expression grossière, les journaux de Carpentras se livrent à un luxe d'invectives qui seraient déplacées même dans les derniers rangs de la société.

Si une chose m'étonne, c'est que Brives et Quimper n'aient pas joint leur concert d'engueulement aux invectives de Carpentras ; mais nous espérons que l'étoile de Pamiers emportera de ces débats des impressions assez vives pour que, son admiration aidant, elle s'apitoie sincèrement sur les malheurs carpentrassiens.

Le ton étant donné par nos adversaires, nous devions, obéissant au proverbe *avec les loups il faut hurler,* répondre à des vivacités par des vivacités, et l'article de Diogène et celui qui le suit sont bien inférieurs pour la rudesse à ceux de l'*Indicateur* et de la *Bohême.*

Un autre article du *Pontias* vient s'ajouter en attendant les ripostes des adversaires et pour en finir. Mais en jetant les yeux sur le titre de la feuille carpentrassienne ou carpentoratienne, titre oublié par l'accusé, je remarque les armes de la cité, et, tâchant de les lire, je découvre que Carpentras porte *de gueules avec un mors d'argent timbré d'une couronne comtale.* Et si je voulais jaser sur les *gueules* locales, sur le *mors* qu'on voudrait nous faire avaler, ma foi (pas de l'Ariège) je prendrais le mors aux dents et j'oublierais la rêne qui doit toujours modérer les emportements d'un avocat comme d'un journaliste.

On nous reproche de nous exprimer dans un français douteux, peut-être n'avons-nous pas *l'assent des Confines,* et c'est sa petite saveur qui manque à nos élucubrations.

Sur la demande de M. le Président aux accusés pour savoir s'ils n'ont rien à ajouter pour leur défense, l'accusé Sauvageon se lève et dit :

Messieurs,

Si le repentir atténue l'énormité de la faute, je n'attends aucune indulgence ; mais, de grâce, condamnez-moi à apprendre l'Unitéide-Gagne plutôt qu'à lire toutes les productions de nos adversaires.

———————

La Cour,

Attendu qu'il n'y a pas dans cette affaire sujet de fouetter une mouche ou de réduire un hanneton en farine, dit :

Que les accusés sont acquittés ;

Que l'*Etoile de Pamiers* (Ariège) servira à perpétuité un abonnement gratuit à l'*Indicateur* et au *Pontias*.

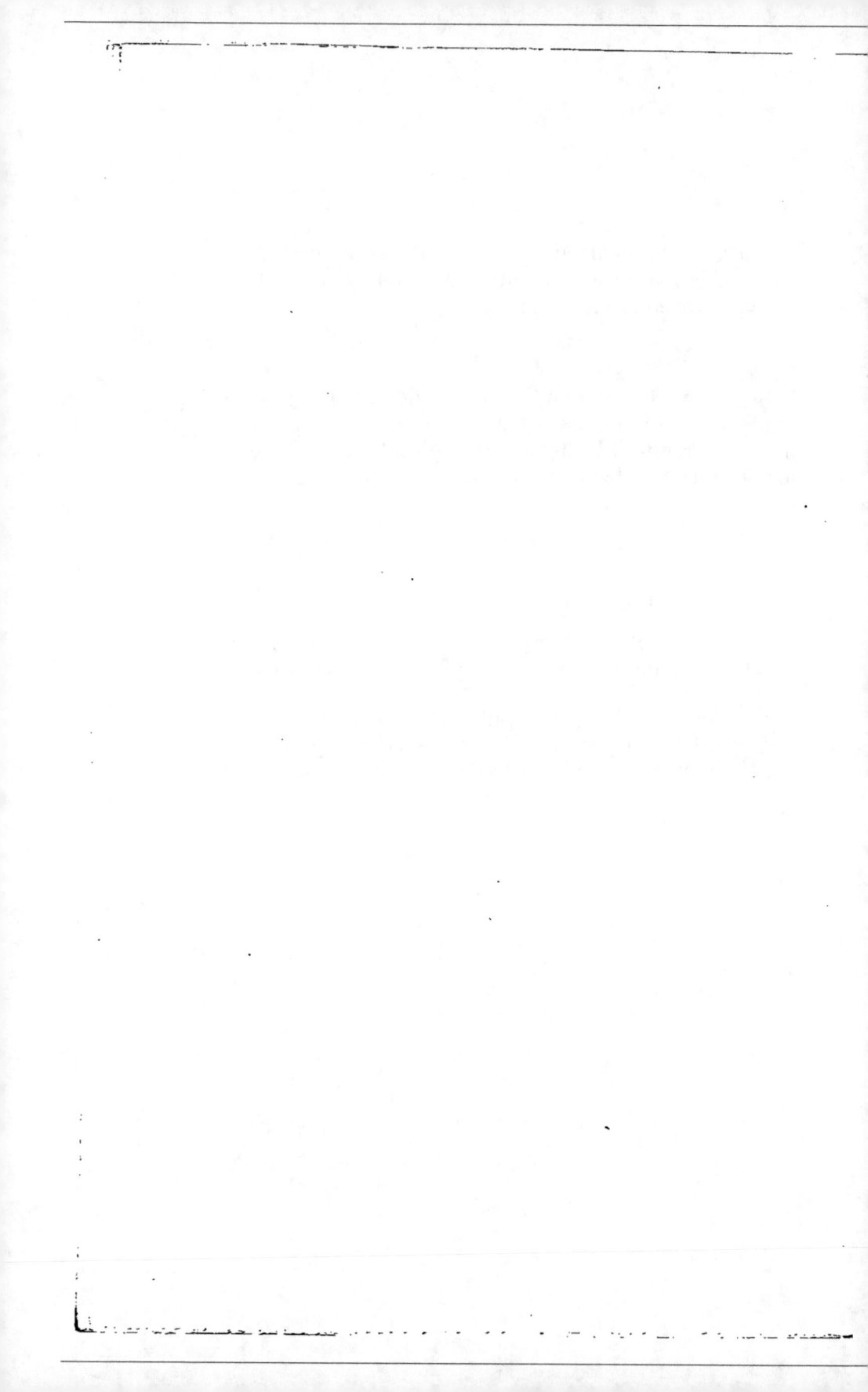

LA PONTIASIADE

Essai héroi-comique.

O muse de Grisier, de Lozès, de Bertrand !
Seconde-moi, ma mie, en un récit nâvrant
D'un combat singulier de la Carpentrassie
Avec un écrivain de Buis-la-baronnie ;
Aiguise nos fleurets plus *pounchus* qu'un couteau,
Et donne à notre poing pesanteur de marteau !

Dans un département qui fut jadis du Pa¡e,
Un beau département, pas plus grand qu'une nappe,
Où la garance pousse à côté du melon,
Vivait très ignoré l'Iroquois Sauvageon ;
Un jour au temporel laissant un peu de trève,
Spirituel rêvant, hélas ! c'était un rêve !
Il aligne un article en un petit journal,
Le *Pontias*, de Nyons, *qui n'imprime pas mal,*
Cet article outrageux pour la Carpentrassie
Par un *Indicateur* fut pris pour une scie.

Par hasard, ce soir-là, la musique du lieu,
Avant de concourir avait fait son adieu,
Et, partant du pied gauche, elle allait à la gare,
Ne croyant nullement affronter la bagarre.
On allait, quand survient mons Alcibiadès,
Homme de bon esprit, pas du tout Cocodès :
« Halte-là donc, Messieurs, Carpentras vous réclame,
« Ici restez donc tous, qu'un noble amour enflamme ! »

» Contre Nyons, Valréas, conduit par Sauvageon
» Marchons, marchez, marchons, qu'ils fassent le plongeon.
» Vite ! vite ! courez à Caromb, aux Confines,
» Requérez de par moi les lames les plus fines,
» Et nous aurons raison de ces outre-cuidants
» Qui pensent que courage est rage et mal de dents.
» Armez vos mousquetons, chargez vos revolvers,
» Pour chanter la victoire on vous fera des vers.
» Courez vite, courez à la porte d'Orange
» Trempez votre courage aux flots que.... jette l'ange.

» La victoire est à nous, attention à vos trous,
» Hauboïstes, bassons, cor anglais, *garde à vous!* »

Dans le lointain vallon de Beaumes-de-Venise
On entendait un bruit apporté par la bise
Et non par le *Pontias*. . . . . . .
C'étaient : un fort triangle, un piston ton de *si,*
Venant à Carpentras s'en donner à merci.
Vous savez quelque peu l'Iliade d'Homère,
Tout cela, mes amis, n'est que petite bière.
Ajax, Agamemnon, ne sont que des gandins
Auprès de ces héros gantés de peaux de daims,
Qui viennent plus bouillants que le bouillant Achille
Mettre à sac le Palais, le faubourg et la ville.

Tandis que s'approchait le sacré bataillon
On rêvait d'appliquer la peine du talion,
D'éventrer Valréas, Nyons et toute la clique
On décrétait contr'eux, je crois, une encyclique,
Chef-d'œuvre de logique avec un *syllabus*
Portant que tout chacun sera taxé d'abus

S'il n'apporte à l'instant et fusils et cartouches
En y joignant aussi provisions de bouches.
Vite à l'hôtel Camille on chauffe les fourneaux
Pour rôtir des gigots et quelques dindonneaux.

Bientôt sur le rempart où sont posés des gardes :
« Les voilà ! les voilà ! je vois leurs hallebardes
» Sauvageon, sa moustache, et Monsieur du Pontias
» Précèdent la cohorte, un vrai galimatias
» De Valréas, Visan, de Nyons, de Saint-Auban ;
» Il parait que partout on a levé le ban ! »

Aussitôt Bonnardel part en parlementaire :
» Messieurs, pour m'écouter, daignez un peu vous taire !
» Nous ne venons chez vous que pour vous faire ouir
» Un trio de triangle à vous faire plaisir.
» Sauvageon, le solo, mettant une sourdine
» Jouera l'*Assoluto*, frappant de sa badine,
» Ouvrez-nous donc vos murs, allons aux maronniers
» Et nous vous ferons voir que trois chaudronniers
» Peuvent faire en frappant bémols et bécarres
» Tout comme Commerson fait d'affreux tintamarres. »

« Messieurs, répond alors le bohémien P. Loth,
» Nous vous croyions plus noirs que le noir Astaroth ;
» Mais venez de ce pas, courons vite à mon âtre,
» Après avoir soupé nous irons au théâtre. »
Ayant ainsi parlé pour l'absolution
Des méfaits du *Pontias*, et de sa rédaction,
Loth, Alcibiadès s'en vont de place en place
Pour apaiser un peu la rude populace ;
On convient de partout et d'un seul mouvement
Qu'on a eu bien à tort un épouvantement,

Qu'on ira sur le soir et sans nulle rancune
Entendre le triangle. Il n'en manquait pas une
Des dames du pays quand l'arène s'ouvrit,
La reine, je la vis. Chut car trop parler nuit.

Le *Pontias*, sa bannière et sa rédaction
Entrent tous les premiers (à droite sensation),
Les bonnes, les petits voient ces anthropophages
Et ne s'attendent pas à d'horribles carnages. ....
« Triangle *assoluto*, donnez moi donc le *la!* »
— Je ne peux, mon chéri, je l'ai laissé par là.
— Combien me donnez-vous du *la* si je le donne ?
Riposte en éclatant un vigoureux trombonne ;
— Allons, allons, Messieurs, voici des diapasons,
Dit Alcibiadès, et vite commençons! »

Drelin ! drelin din din ! voilà que ça commence !
« Au télégraphe aussi, de par toute la France,
On fait drelin din din ; vous nous faites poser, »
Dit le titi hargneux, toujours prompt à gausser,
Et redrelin din din! Ici nouveau tumulte,
Ça va bientôt chauffer car déjà l'on s'insulte ;
Et Sauvageon quittant le triangle absolu :
« Pardonnez-nous, Messieurs, c'est un premier début,
» Tout ceci n'est vraiment qu'une pure ficelle
» De *BATTA* je voudrais avoir le violoncelle,
» Je vous ferais pleurer en mille tons divers ;
» Mais bientôt, croyez-le, je vous ferai des vers
» A soie, car vainement dès longtemps je m'escrime
» A rassembler en vers six pieds avec la rime. »

Critique.

—

Pour épargner la verve critique de Messieurs de l'*Indicateur* et de la *Bohême*,

Je vais moi-même faire la critique des cent dix vers ci-dessus commis.

Et d'abord, *sandis cadédis !* il y avait là matière à un beau poëme en douze chants avec épisodes de Nisus et d'Euryale ; tout au moins on pouvait refaire une *campano mountado ;* mais je ne suis pas le cygne de Mantoue ni Roumanille le félibre, et je me suis contenté de l'affreuse pochade ci-dessus, et j'y rencontre tant d'incorrections que je n'ai que l'embarras du choix pour les signaler.

Si la mesure est juste et la césure exacte, vrai ! la rime n'est qu'un mythe mal remplacé par la consonnance. Les vers 28, 29, 30, 31 sont à rimes masculines. De rejets, d'enjambements, point ! Aussi, comme c'est martelé ! ! !

Mais je n'ai jamais prétendu à l'*églantine* ni à la *violette* de Clémence Isaure, et je n'ai nul *souci* de ce qu'on pourra dire à l'*Indicateur* et à la *Bohême*.

Hyp. Sauvageon.

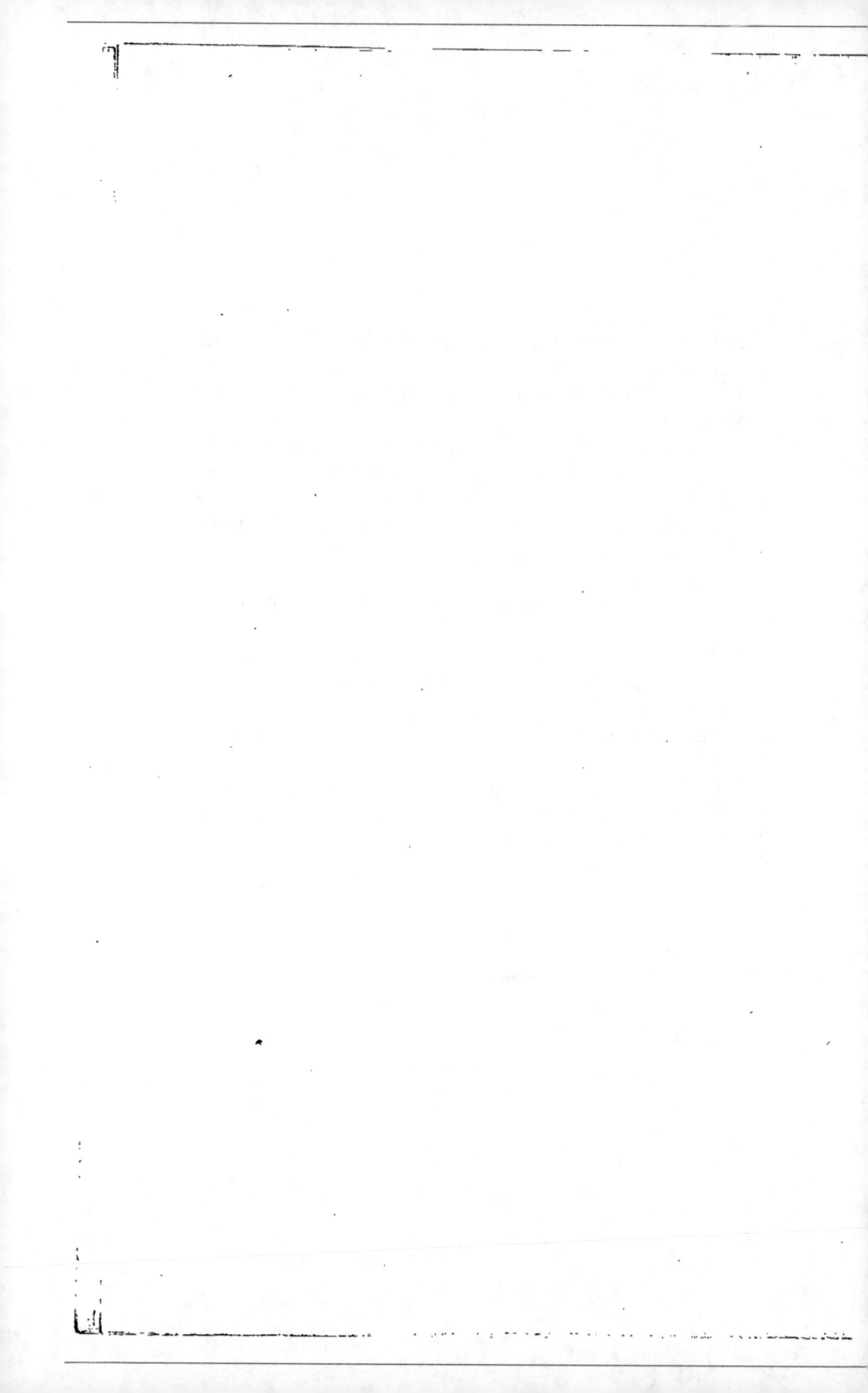

COMPLAINTE

La mort de la Bohême

(Sur l'air de Joseph de Méhul.)

Puisque morale évangélique
Veut qu'on pardonne à son prochain,
Qui nous offense ou nous critique,
Bohême donnons-nous la main !
Mais n'es-tu donc qu'un squelette ?
J'entends tes os s'entrechoquer,
Vite faisons une omelette,
Des morts il ne faut se moquer.

Belle Zingare au teint de bistre !
Je consens à te pleurnicher,
Car ce serait œuvre de cuistre
D'oser encor te taquiner.
Veh victis ! est une sentence
Des Hurons et des Patagons
Au *Pontias* (quelle différence),
Les morts surtout nous honorons.

Morale en deux couplets :

Que tout ceci, folliculaires,
Pour vous soit un enseignement,
Et ne soyez si téméraires
D'aller jusqu'à l'éreintement.

Du grand format, même du moindre,
Journaux n'oubliez nullement
Que toute discorde est à craindre,
Compromet infailliblement.

A Carpentras, sachez vous taire,
Ne parlez de *Tian* (1), *d'épinards*,
Car on vous ferait une affaire
On vous appellerait : *canards.*
Et vous Mesdames les Nyonnaises,
Il faut, hélas ! vous résigner ;
Non, vous n'êtes pas des françaises,
Carpentras ! ! ! ! vient de décider.

———

Oh Sauvageon ! prends ton capuche,
On ne peut plus, las ! t'insérer,
Qu'au *Pontias* où bien à la *Ruche*,
Journaux très bons pour se torcher.
Ne parlons pas de choses grasses,
Bohème pourrait s'en offenser,
Et ne laissons aucunes traces
Pour nous forcer à nous moucher.

FIN.

———

(1) Dans toute la Provence où l'on appelle dédaigneusement Franciots les Français qui ne parlent pas le patois de la Canne-bière, le mot TIAN signifie tout gratin cuit au four : *Tians* de pommes de terre, d'épautre, de riz. Il paraît qu'à Carpentras on honore spécialement le *tian d'épinards* comme étant plus laxatif et plus calmant pour les nerfs agaçables des Confiviens.

(Note de l'auteur.)

A Messieurs de l'*Indicateur* et de la *Bohême* :

MESSIEURS,

Pour terminer ce débat d'une façon digne de vous et de moi, je crois devoir vous dire que je n'ai aucun sujet d'antipathie pour Carpentras, où j'ai été reçu avec une exquise courtoisie, soit chez des amis qui sont les vôtres, soit à l'hôtel Camille, où tout le monde est largement hébergé.

Je ne connais ni n'ai vu MM. Alcibiade et Loth, mais je connais à Carpentras des hommes d'un mérite réel, d'un savoir profond, et je reconnais qu'en décochant contre Carpentras des traits émoussés je n'ai obéi qu'à une sotte habitude.

Il est donc bien admis entre nous que Carpentras, Nyons, Valréas, Cayranne et Paris ont leur raison d'être comme Pézénas, Brives, Quimper, St-Flour, et les Martigues,

Et je déclare vouloir faire avec vous bonne popotte.

H. SAUVAGEON.

Post-Face.

Au Public:

Pardonnez-moi cet opuscule dont le sujet ne vaut pas l'encre versée et le papier sali.

Mais si Carpentras a le droit d'être ombrageux, qu'on reconnaisse le même droit à Nyons, à Valréas *civis sum* et je le prouve.   H. Sauvageon.

Derniéres nouvelles.

—

Une personne bien informée nous apprend qu'à l'exposition de 1867 il y aura un compartiment spécial pour les journaux vierges d'abonnés. La *Bohême*, Jeanne d'Arc de l'emploi, a retenu une bonne case en face de l'estaminet à 3 sous.

Le *Pontias* a été éliminé à cause de son papier trop... chose forte.

Au moment de mettre sous presse nous apprenons que la *Bohême* est morte. Nous nous attendions à ce triste événement, et cependant notre émotion a été grande en l'apprenant.

Priez pour elle.

     H. S.

www.ingramcontent.com/pod-product-compliance
Lightning Source LLC
LaVergne TN
LVHW020047090426
835510LV00040B/1461